AF495722

CATHÉDRALE

AMIENS

Typ. & Lith. LEMER Aîné, Place Périgord, 3.

1861

A LA

CATHÉDRALE D'AMIENS.

Gigante in mezzo a un secolo pigmeo.
GIUSEPPE REVERE.

Géant au milieu d'un siècle nain.

AMIENS,
TYPOGRAPHIE LEMER AINÉ, PLACE PÉRIGORD, 3.

1861.

PRÉFACE.

S'il est, parmi les monuments religieux dont s'enorgueillit notre France, un édifice digne, parmi tous les autres, d'être chanté par la lyre d'or des poètes, c'est à coup sûr la CATHÉDRALE D'AMIENS.

Quelle autre en effet, à l'exception peut-être de celle de Reims, moins recommandable encore par elle-même que par les souvenirs imposants qu'elle réveille et par le mirage éblouissant du sacre de tant de rois, quelle autre mériterait mieux cet honneur ? Lorsque Victor Hugo parle, en certain endroit de ses ouvrages, — de la grande cathédrale gothique, avec ses hautes flèches tailladées en scies, sa large tour du bourdon, ses cinq portails brodés de bas-reliefs, sa frise à jour comme une collerette, ses solides arcs-boutants, si frêles à l'œil ; et puis ses cavités profondes, ses forêts de piliers à chapiteaux bizarres, ses chapelles ardentes, ses myriades de saints et de châsses, ses colonnettes en gerbes, ses rosaces, ses ogives, ses lancettes qui se touchent à l'abside et en font comme une cage de vitraux, son maître-autel aux mille cierges, son orgue aux tonnerres harmonieux, sa gloire aux rayons éthéréens ; merveilleux édifice, imposant par sa masse, curieux par ses détails, beau à deux lieues et beau à deux pas, — ne semble-t-il pas, disons-nous, que dans cette brillante et rapide description il ait eu surtout en vue les magnificences, les splendeurs de notre basilique ?

Pourtant c'est à Notre-Dame de Paris qu'il a donné toutes ses sympathies, toutes ses prédilections, toutes ses préférences. C'est pour elle, c'est pour sa glorification qu'il a écrit ce poème, ce roman si l'on veut, où, parmi les scènes bizarres, grotesques ou terribles, évoquées autour d'elle par la baguette magique de l'enchanteur, elle semble, héroïne vivante, s'animer et se transfigurer.

Certes, Notre-Dame de Paris n'est pas un de ces édifices qui attirent et retiennent invinciblement le respect et l'admiration. Loin de là !

Son portail manque d'élévation, de noblesse. Ses deux tours carrées, trapues, maussades, pareilles à des enfants mal venus qui n'ont pu accomplir leur croissance, restent lourdement accroupies sur le sol, au lieu de s'élancer dans le ciel.

A l'intérieur, ses nefs larges, spacieuses, profondes, peuvent engloutir un peuple nombreux sous leurs voûtes ; mais ces voûtes elles-même sont écrasées, surbaissées aux bas-côtés ; l'air n'y circule pas ; la lumière y lutte vainement contre les ténèbres ; plutôt se croirait-on au sein d'un temple de l'Inde, des cavernes d'Ellora creusées au flanc noir des montagnes, que dans un édifice gothique.

Le souffle brûlant du poète a pu seul animer, vivifier cette masse pesante, monstrueuse, de pierre et de granit, secouer sur ses tours le vent des orages populaires, prêter comme un langage au bruissement de ses bourdons sonores, la rendre pour ainsi-dire acteur intelligent, passionné, au milieu de ce drame émouvant qui roule et se déroule autour d'elle.

Admirables prestiges, merveilleux enchantements de la poésie, qui fait rayonner et resplendir les plus sombres côtés des choses, au toucher de son divin flambeau !

Quoiqu'il en soit, — et il est aisé de s'en convaincre en y réfléchissant un peu, — c'est beaucoup moins Notre-Dame de Paris en elle-même que son entourage, que le vieux Paris avec ses mille faces étranges, ses curiosités encore inexplorées, ses aspects originaux, singuliers, pittoresques, qui ont tenté, entraîné, captivé, séduit le romancier.

S'il eût voulu choisir, en l'isolant de tout le reste, en ne contemplant que lui seul, un édifice religieux digne d'être célébré par lui, tel, par exemple, que la cathédrale d'Amiens, nul doute qu'il n'eût trouvé, en traitant un tel sujet, une source féconde de beaux vers, de grandes et sublimes pensées.

Mars 1861.

A LA CATHÉDRALE D'AMIENS.

I.

Salut, monument fort, jadis sur nos rivages
Comme un phare éternel par nos aïeux placé,
Qui sépares, debout sur la route des âges,
Et le sombre avenir et le sombre passé.

Tu n'as point sur ton front l'orgueil des Pyramides,
Que couronne de cieux plus ardents et plus beaux
Le soleil, flamboyant sur les sables arides :
Mais que sont-elles ? des tombeaux !

Dans leurs flancs ténébreux l'homme qui veut descendre
Au fond de l'urne vide où sa main va glissant,
A peine trouvera peut-être un peu de cendre,
Restes d'un Pharaon très-grand et très-puissant.

Pour toi, qu'emplit de Dieu la majesté sacrée,
Temple toujours ouvert aux nouveaux arrivants,
Sous tes arceaux nombreux et par ta large entrée
S'engouffre un peuple de vivants.

Le jour, quand de la ville à tes pieds les murmures
Roulent, comme des mers les flots impétueux,
Sur elle, chêne épais, tu dresses tes ramures,
Auprès de l'océan sombre et tumultueux.

Tu domines, gardien et protecteur fidèles,
Les innombrables toits sans fin multipliés ;
Notre cité, la nuit, à l'ombre de tes aîles,
Dort insoucieuse à tes pieds.

Près des piliers, soutiens des voûtes colossales,
Où vous venez prier, innocence et remords,
Si nous voyons parfois sourdre à travers les dalles
La poudre des tombeaux et la cendre des morts,

Si devant le néant notre âme confondue
Tremble, des grands vitraux la céleste clarté
Comme une gerbe d'or sur nos fronts descendue,
Nous parle d'immortalité.

II.

Au temps où de la terre on creusa les entrailles,
Le peuple de ses dons, pour bâtir tes murailles,
Y jeta le trésor.
Car cet ange divin qui brille aux vertes cîmes,
Qui soulève les monts et ferme les abîmes,
La Foi, vivait encor.

Le bruit des fiers combats et des croisades saintes
Du fond mystérieux de tes jeunes enceintes
Éveillaient les échos,
Et sur toi dans l'azur, plein de voix inconnues,
On croyait voir passer, flottant au sein des nues,
Les ombres des héros.

Chaque jour t'apportait des carrières profondes,
Sur les chemins traînés ou portés par les ondes,
Les marbres précieux;
Assise par assise enfin, pierre par pierre,
Chaque jour tu quittais davantage la terre
Pour t'élancer aux cieux.

De la base au sommet pour te faire complète,
Pour élever sur toi le clocher, de ton faîte
Couronnement altier,
De l'art pour déployer en ton sein les merveilles,
Basilique, il fallut les bras, les soins, les veilles,
D'un siècle tout entier.

Pareille aux végétaux puissants dont la nature
Prépare par degrés l'existence future,
Lentement tu grandis,
Temple, car tu devais en des siècles sans nombre
Maintenir, de lumière ardents ou baignés d'ombre
Tes chapiteaux hardis.

III.

Toujours comme autrefois, en ce temps où nous sommes,
Toujours on s'entretient de toi parmi les hommes,
Et ce noble renom conquis dans le passé,
Les plus fiers monuments ne l'ont point effacé.

IV.

Cordoue a sa mosquée, à présent sainte église,
De jaspe et de porphyre éclatante forêt;
Turin, ta Superga, sur la montagne assise,
Comme un géant rêveur au lointain apparaît.

Reine aux parois de stuc et d'albâtre vêtues,
Milan, ta cathédrale aux robustes piliers,
Sur ses épaules porte un peuple de statues
Et de grands clochetons entassés par milliers.

Saint Pierre, aux pélerins capitale et royaume,
Qui nous transporte en toi, monde immatériel,
S'élève avec orgueil dans les airs, et son dôme
En son vaste contour semble enfermer le Ciel.

Venise, près des champs où serpente l'Adige,
Quand renaît le soleil qui dore ses matins,
S'agenouille à Saint-Marc que couronne un quadrige,
Sur les riches tapis des marbres byzantins.

V.

Palerme, sous tes nefs profondes,
Piliers trapus et voûtes rondes,
Où s'infiltrent, ondes par ondes,
Les clartés du céleste azur,
Parmi les guirlandes fleuries,
Ainsi que l'eau vive aux prairies,
Vont ruissellant les pierreries
Sur tes madones au front pur.

San Cyro sur toi, Gêne, éclate
Par ses tentures d'écarlate,
Par sa large coupe d'agathe,
Par son dais aux mille couleurs ;
Là, pour les fêtes réunies,
Doux oiseaux aux voix infinies,
Montent les fraîches harmonies,
Parmi les femmes et les fleurs.

Westminster aux sveltes ogives,
O Tamise, près de tes rives,
Découpe ses arêtes vives
Que rase l'aîle des corbeaux,
Et laisse au fond noir des chapelles
A travers ses fines dentelles,
Briller les astres, étincelles,
Sur les rangs pressés des tombeaux.

Munster, vers la voûte étoilée,
Comme un joyau d'or ciselée
Lance sa flèche dentelée
Où les aigles roux ont leur nid;
Cologne, la sœur de Constance,
Bâtit sa cathédrale immense
Qui depuis trois siècles commence,
Commence et jamais ne finit.

VI.

Mais ces fiers monuments, de qui la Renommée,
Déesse aux clairons résonnants,
Exalte la splendeur en cent lieux proclamée
Par la voix des échos tonnants,
Semés du Nord au Sud, du Couchant à l'Aurore,
Terre, sur ton immensité,
De notre basilique égalent-ils encore
La majestueuse unité?

VII.

Ailleurs fleuve ardent qui ruisselle,
O pâle soleil de nos cieux,
A peine inclines-tu sur elle
Ton urne avare de ses feux.

Pour nous corps inerte et sans âme,
Ame de mondes si divers,
Tu n'est pas le soleil de flamme
Fécondateur de l'univers,

Qui de plus heureuses contrées
Fait vite les printemps tiédir
Et des colonnes consacrées
Les fûts éclatants resplendir;

Qui de la céleste coupole
Fait rejaillir un pur rayon
Des ruines de l'Acropole
Aux frontons blancs du Parthénon.

Autour de notre cathédrale,
Vol rapide et souffle mordant,
Tourbillonnante, la rafale,
Des profondeurs de l'Occident,

Comme vers une sûre proie
Vous fondez, sinistres vautours,
S'acharne à ses flancs qu'elle broie,
Se déchire aux angles des tours.

Toujours, à l'horizon qui fume,
Dans le paysage effacé,
Montent vapeur, brouillard ou brume,
Car du Nord fille au front glacé

La France est toujours cette Gaule
Au dur hiver, au faible été,
Que blanchit la neige du pôle,
Que tord l'aquilon irrité.

Mais si l'haleine de la bise,
Si la main rugueuse du temps
T'impriment cette teinte grise
Qui ternit tes blocs éclatants,

Si trop voisine, la tempête
T'arrive de la sombre mer,
Te jetant de la base au faîte
L'âcre senteur du flot amer,

Si, telle qu'une prisonnière
Collée aux étroits soupiraux,
S'infiltre à peine la lumière
A travers tes épais vitraux,

O basilique auguste et sainte,
Le voile obscur sur toi jeté,
L'ombre qui flotte en ton enceinte
Après l'indécise clarté,

Le cri des oiseaux de l'orage,
Clairon qui sonne dans les airs,
Le vol pesant du lourd nuage
Plein de frimats ou gros d'éclairs,

Le grondement rauque ou sonore
Du vent par l'écho répété
Pour nous semblent doubler encore
Ta grandeur et ta majesté.

VIII.

Des temps qui ne sont plus, ô vivante relique,
Tu dresses devant nous, superbe basilique,
De ton triple portail aux magiques rinceaux
Et les riches festons et les légers arceaux.
Ta façade, à la fois symbole et livre immense,
Où le Dieu de justice et le Dieu de clémence
Dans sa gloire apparaît, pesant entre ses mains
Et l'avenir du monde et le sort des humains,
Avec ses vingt-deux rois aux formes colossalles,
Ses apôtres penchés sur le marbre des dalles,
Ses balustres géans écornés par l'hiver,
Sa rose, œil flamboyant qui regarde la mer,
Ses deux tours où liés par les cordages grêles
Dorment, oiseaux muets, les cloches solennelles,
Ses milliers de fleurons, ses parois ciselés,
Ses lézards, ses démons par le ciseau taillés,
Ses dominations, ses anges, ses archanges,
Du Souverain des Cieux innombrables phalanges,
Comme un océan vaste où tout se réunit,
Est un poëme entier de pierre et de granit.

Lorsque, pour pénétrer dans l'enceinte sacrée,
De ton porche béant on a franchi l'entrée,
L'œil, de ton vaste ensemble admirant la grandeur,
En pénètre d'un trait l'immense profondeur.
De tes piliers hardis s'élançant à tes voûtes,
Le regard les saisit et les embrasse toutes ;
On dirait à te voir qu'en un jour, d'un seul jet,
Réalisant soudain le merveilleux projet
Que Robert enfanta, l'architecte sublime,
Tu jaillis d'un seul coup de la base à la cîme.

IX.

Ta nef prodigieuse à nos yeux apparaît
Telle qu'au sein ombreux d'une épaisse forêt
Fuit une longue allée,
Avec ses chênes forts l'un vers l'autre penchant
Et sa voûte qu'empourpre un reflet du couchant,
De ramures voilée.

Aux jours trop fugitifs d'été, quand le soleil
Longtemps caché, s'échappe éblouissant, vermeil,
De la nue épuisée,
Et vainqueur une fois des éternels hivers,
Chemine dans l'azur, rutilant à travers
Ton immense croisée,

Tout s'enflamme et reluit en toi : les grands autels,
Les tabernacles saints, les vases, les missels
Dont le regard s'enivre;
Son rayon, qui d'en haut brille et prend son essor,
Rapide, vient frapper comme une flèche d'or
A tes tombes de cuivre.

Filles, l'une du Nord et l'autre du Midi,
Tes deux roses, qu'étreint un cercle si hardi,
Aux girandes fleuries,
Sous les clartés du ciel promptes à s'irriser,
S'illuminent soudain et semblent s'embraser
Du feu des pierreries.

L'une, rose de l'eau, de saphirs au bleu pur,
De violet céleste et de limpide azur
Doucement se couronne;
L'autre, rose du feu, d'un éclat plus mordant,
A l'escarboucle vive, et du rubis ardent
La pourpre l'environne.

Ton orgue, océan vaste aux flots harmonieux,
Si beaux, qu'on ne saurait s'ils descendent des cieux,
Ou montent de la terre,
Des anges tour à tour imite les concerts,
Ou de ses rudes voix fait tressaillir les airs
Comme un bruyant tonnerre.

Ton chœur aux grilles d'or, resplendissant joyau,
Soleil intérieur, ton chœur, centre et noyau
De ton fruit magnifique,
Avec l'autel romain où se mêle aux grands soirs
Au nuage odorant sorti des encensoirs
Un hymne séraphique,

Nous montre avec orgueil les mille clochetons,
La frise aux pendentifs légers, les bruns festons
Parures de ses stalles,
Sa gloire lumineuse aux éclatants rayons,
Et des apôtres saints les larges médaillons
Incrustés dans les dalles.

X.

Depuis les jours lointains où de leurs fortes voix
Tes cloches ont parlé pour la première fois,
Où, couronnant enfin ta flèche dentelée,
La croix d'or s'élevant vers la voûte étoilée,
Arbre divin planté, Seigneur, sur ta maison,
Splendide, rayonna jusqu'au vague horizon;
Où la foule accourue à la parole sainte
Pour la première fois inonda ton enceinte,
Combien d'évènements sombres ou radieux
Ont tour à tour passé sous la coupe des cieux!

Combien n'as-tu pas vu de têtes couronnées
Au pied de tes autels sur le marbre inclinées,
Combien de rois puissants, vénérés ou maudits,
Proclamèrent en toi leurs solennels édits,
Et qui de Saint-Denis versés à l'ossuaire
Ne sont plus à présent que cendre et que poussière.
Où sont les flots vivants qui jadis par milliers
Roulaient, tourbillonnaient autour de tes piliers?
Fiers et hautains alors, aujourd'hui pâles ombres,
Si nombreux engloutis dans les cavernes sombres
Que tes flancs élargis, vainement étendus,
Ne pourraient contenir tous ceux qui ne sont plus!

XI.

O vieux siècles passés, ô splendide mirage,
Jours glorieux, mêlés de soleil et d'orage,
Dont nos regards sont éblouis :
Là, dans ce même temple où, nous, vivants, nous sommes,
Grand devant le Seigneur et grand parmi les hommes,
Juge et roi, trôna saint Louis!

Et comme en ta forêt, du plus pauvre, Vincenne,
Il écoutait la plainte, assis sous le grand chêne,
Dans le chœur aux larges perrons
Sa sentence, courbant leur orgueil jusqu'à terre,
Favorable à tes vœux, Henri Trois d'Angleterre,
Humilia tes fiers barons.

Là, Charles Six mena pour le saint hyménée,
De ses fleurs de lys d'or la tête couronnée,
Vierge noble et belle, Isabeau ;
Femme ou démon, cachant la mort sous un sourire,
Par qui devait un jour au monarque en délire
S'ouvrir le gouffre du tombeau.

Là, des fiers Castillans le dompteur, Henri Quatre,
Sorti des murs fumants que son bras vint abattre
Sous le feu des canons mortels,
Triomphant et superbe, inclina son épée
De la pointe à la garde encor de sang trempée,
Seigneur, au pied de tes autels.

Là, de Cinq-Mars frappé fuyant le spectre blême,
Tremblant, à deux genoux, pâle, Louis treizième
Implora le Ciel irrité ;
Là vint le roi-soleil, le grand Louis lui-même,
Devant le roi des rois et le soleil suprême
Humilier sa majesté.

Enfin, celui qui fut, de ces ombres hautaines,
Parmi les souverains, parmi les capitaines,
Et le dernier, et le premier,
Consul, et peu certain encore de ses routes,
O temple, s'avançant tout rêveur sous tes voûtes,
Foula ton blanc et noir damier.

XII.

Mais depuis qu'il y vint, à ses gloires futures
Songeant et méditant d'illustres aventures,
Combien, mer orageuse aux longs frémissements,
Le flux et le reflux des grands évènements
Remuant jusqu'au fond ce sable où tout s'efface,
Ont-ils du monde entier renouvelé la face !

La terreur et la mort qui, sur les nations,
Poussaient le char sanglant des révolutions,
Usant, sapant, broyant les plus fermes colonnes,
Au feu de leur haleine ont fondu les couronnes,
Et dans le sol jonché de tristes ossements
Des robustes états brisé les fondements.
Des vaisseaux ont sombré, moins forts que des nacelles;
Les splendeurs d'autrefois, comme ces étincelles
Qui meurent en tombant sur un marbre glacé,
Tour à tour ont fondu dans la nuit du passé.
La force a garotté le droit; la tyrannie
Insolente, brutale, a chassé le génie;
Coupés, rognés, tranchés, lacérés, confondus,
Les royaumes, tantôt ou gagnés ou perdus,
Ont subi tour à tour ou l'un ou l'autre maître ;
Et pourtant dans ce siècle inique, horrible et traître,
Parmi ce chaos sombre ou le monde est plongé,
Toi seul, ô monument, toi seul n'a pas changé !

XIII.

Dans ses métamorphoses,
Le temps, rongeur des choses,
Qui fait naître les roses
Et mourir le granit,
Qui brise d'un coup d'aîle
La fière citadelle,
Et laisse l'hirondelle
Bâtir en paix son nid,

Qui couche au ras de l'herbe
Le colosse superbe,
Qui lie et met en gerbe
Comme des épis mûrs,
Les bonheurs dont on songe
Et les jette, mensonge,
Au passé qui les plonge
En ses gouffres obscurs,

Qui creuse ou qui soulève,
Qui change, comme en rêve,
La mer immense en grève,
La grève en océan;
Qui tolère ou foudroie,
Qui, s'il prend une proie,
La torture, la broie
Sous son pied de géant,

Le temps n'a pas, ce rude maître,
Qui nous sait ployer et soumettre,
Qu'on sent et ne voit point paraître,
Usé tes solides contours,
Et de ses deux mains décharnées
Froissant leurs têtes condamnées,
Avec le levier des années
Ouvert des brèches à des tours.

De l'ouragan qui tourbillonne,
De la grêle affreuse qui sonne,
De la foudre qui frappe et tonne,
Toujours il t'épargna l'affront;
Sous le grand ciel qui t'environne
Par lui des siècles la couronne
Avec un pur éclat rayonne
Et se conserve sur ton front.

Tu parles à notre mémoire,
Tes colonnes ont leur histoire;
Du passé tu tires ta gloire
Et tes honneurs en sont accrus,
Tes dalles et tes voûtes saintes
Semblent retenir les empreintes
Des splendeurs à jamais éteintes
Et des grands hommes disparus.

XIV.

Mais ce que n'ont pas fait, pour te réduire en poudre
Des ans accumulés tout le poids réuni,
La trombe, l'ouragan, la grêle affreuse, ni
Les flèches de la foudre,

Sous les regards tremblants du peuple épouvanté
Pour éteindre ta gloire et ta beauté premières,
Pour aveugler ta face et souffler tes lumières,
Des hommes l'ont tenté !

Lorsqu'aux rauques appels d'une foule hideuse
Se levèrent le meurtre et la destruction,
Quand, démon noir, surgit la Révolution,
Cette grande faucheuse,

Aux palais, par ses mains frappés de coups mortels,
Après qu'elle eût broyé, fondu sceptre, couronne,
Il lui fallait encore à la flamme du trône
Consumer les autels.

Pour les combats géants et les luttes épiques,
Pour armer ses guerriers du Tibre jusqu'au Rhin,
Des grilles aux saints lieux arrachant tout l'airain
Elle en forgeait des piques.

Ils avaient fait de toi, ces Jacobins, ces gueux,
Église vénérée, un club, un club immense,
Et du haut de ta chaire éclatait la démence
Des orateurs fougueux.

Ils vociféraient là, tous, comme dans un bouge;
Leur voix hurlait, tonnait, maudissait, accusait;
Tel qu'un astre sanglant, sur leurs têtes luisait
L'infâme bonnet rouge.

Par leur sabre écornés, troués, fendus, crevés,
Abattus, fleurs de lys, reliquaires, emblêmes,
Écussons, comme aux champs tombent les pavôts blêmes,
Inondaient les pavés.

Vous n'étiez plus alors, ô splendides merveilles,
Grandes processions, dais, panaches flottants,
Prêtres, vierges, enfants, croix, flambeaux éclatants
Près des châsses vermeilles.

En pompe ils promenaient la déesse Raison,
Sur un brancard assise une femme inconnue,
Impudique, étalait aux yeux sa gorge nue
Dans la sainte maison.

La luxure et l'orgie au chœur hantaient les stalles;
Devant le tabernacle et l'autel profanés,
Sous leurs pieds résonnants, sous leurs corps avinés
Retentissaient les dalles:

Le bal flamboyait là: fleurs au front, fleurs au sein
Dansaient et se pâmaient les belles citoyennes,
Tandis que rugissaient aux frontières prochaines
La foudre et le tocsin;

Et tu pouvais du fond de ta tombe espagnole,
O vieil Hernand Tello, dans le temple irrité
Entendre, chant de mort par l'écho répété,
L'horrible Carmagnole.

Si peu qu'eussent encore vécu ces temps nouveaux,
Ils auraient fait au chœur plein de scènes étranges
Sous la voûte où flottaient les radieux archanges,
Piétiner leurs chevaux.

Que dis-je, ces démons, ô monument sublime,
Acharnés à tes flancs, à tes frontons altiers,
T'auraient, bouchers maudits, dépécé par quartiers
De la base à la cîme!

XV.

Mais à présent qu'au Ciel resplendissant et pur
Rayonne l'astre-roi dans l'éternel azur,
Tu ne redoutes plus, en ces temps où nous sommes,
Ou l'aveugle folie ou la fureur des hommes,
Le choc impétueux des viles passions
Ou l'océan grondeur des révolutions.

Vaisseau majestueux que menaça l'orage,
Des autans puisses-tu braver toujours la rage,
Et sur l'ancre éternelle à jamais affermi
Tranquille, reposer au fond du port ami.

XVI.

Quel sera cependant ton avenir? Tout être
Ou de marbre, ou vivant, hélas, a son peut-être!
Le Dieu qui règne au fond des globes éclatants,
Qui souvent se détourne et laisse faire au temps,
Regarde insoucieux et rarement se penche
Pour retenir le fût croulant ou l'avalanche.
Forte ou faible, à son tour, sous le temps meurtrier,
Toute chose périt: l'œuvre après l'ouvrier.

La loi d'airain ainsi le veut, à tous commune ;
Eût-il à Dieu lui-même attaché sa fortune,
Portât-il la croix d'or ou de fer à son front,
Tout monument des ans doit ressentir l'affront.

XVII.

Edifices hautains, parcelles des empires,
Comme eux vous ont rongé les siècles, noirs vampires.

Des temples de Pœstum, que baigne un rayon pur,
Les grands blocs, éclairés par l'éternel azur,
N'abritent que des buffles,
Qui sous le toît crevé du portique indigent
Parmi les roseaux verts laissent en fils d'argent
L'eau tomber de leurs mufles.

Vous compteriez les flots du gouffre ténébreux,
Ou les feuilles tremblant au sein des bois ombreux
Plutôt que les ruines
Dont fourmille, quand luit le soleil matinal
De la porte du peuple au haut du Quirinal
La ville aux sept collines.

Mortes, dont trop souvent une profane main
Interrogeant le marbre ou le débris humain,
Soulève les suaires,
La Grèce, la Chaldée, autrefois noms divins,
Laissent appercevoir au fond des creux ravins
Leurs sombres ossuaires.

Un cloaque, gisant à l'ombre de vieux murs
Que zèbrent, en fuyant, des reptiles impurs,
Lac fangeux, bourbe immonde,
Couvre ton sol, Éphèse, où, temple spacieux,
Florissait dans sa gloire et montait vers les cieux
La merveille du monde.

Temple de Salomon, qu'un monarque puissant,
Joyeux, inaugurait au son retentissant
Des trompettes sacrées,
Qui, des flancs de la terre à son ordre sorti
Absorbais à la fois tout un peuple englouti
Par tes larges entrées,

Dis, à quoi t'ont servi, monument souverain,
Ta cuve aux douze bœufs, immense mer d'airain
Perdue en ton enceinte,
Tes autels ciselés, tes dix chandeliers d'or,
Ton voile aux sept couleurs, mystérieux trésor,
A quoi, ton arche sainte,

Lorsque l'on entendit sous tes voûtes, la nuit,
Plus haut que le fracas des armes et le bruit
Des cohortes romaines,
Tonner ces mots fatals : *Sortons, sortons d'ici !*
Prononcés dans l'orage et le ciel obscurci
Par des voix surhumaines.

XVIII.

Palmyre, qui confine au bord Assyrien,
Où forgeait pour les rois de l'Asie, Adrien,
Des fers ou des couronnes,
Prolonge à l'horizon par Vesper étoilés,
Veuves de leurs frontons sur la terre éboulés
Ses files de colonnes.

Caveaux sombres, creusés aux entrailles des monts,
Ellora, Damarvand, où, comme des démons
On voit les noirs descendre,
Que le sol tremble un jour et vos piliers trapus,
Vos éléphants de jaspe écrasés et rompus
Ne seront plus que cendre.

Reine de l'Orient et fille de Belus,
Tes palais sont détruits, tes honneurs ne sont plus,
O Babylone fière;
Seul, le soleil, témoin de tes jours radieux,
Te jette encore sa flamme et ronge de ses feux
Ton squelette de pierre.

Rhode et Malte ont à peine encor des chevaliers
Les écussons noircis incrustés aux piliers
Des vieilles basiliques;
Athène à l'étranger, les yeux de pleurs voilés,
Dérobe au Parthénon les restes mutilés
Des marbres pentéliques.

Cluny, le monastère énorme aux larges toits
Dont la tête montait au-dessus des grands bois,
Imposante abbaye,
Où de leur chef puissant, noble, crossé, mitré,
Sur les moines grondait, au fond du chœur sacré
La parole obéie,

Près des murs lézardés qui pendent en lambeaux
Dans ses cloîtres verdis n'a plus que des tombeaux;
De l'église superbe
Les colonnes, aux blocs si fermes et si forts,
Gisent, obscurs débris, comme des chênes morts
Ensevelis sous l'herbe.

XIX.

Mais toi, du Dieu vivant qu'emplit la majesté,
Toi, tu conserveras ta force et ta beauté,
Cathédrale d'Amiens, pour bien longtemps encore.
Que l'hiver t'assombrisse ou le soleil te dore,
Que sous la paix clémente ou les combats sanglants
Notre ville élargisse ou resserre ses flancs,
Que le monde, emporté par un élan sublime,
Courre vers l'avenir ou recule à l'abîme,
Que notre mer humaine aux flots toujours mouvants
S'appaise ou tourbillonne au caprice des vents,
Tu verras sans fléchir, ô basilique sainte,
Les siècles tour à tour traverser ton enceinte
Et te faire, épargnant à ta gloire l'affront,
Des ans accumulés une couronne au front.

Amiens. — Imp. Lemer aîné, place Périgord, 3.

www.ingramcontent.com/pod-product-compliance
Ingram Content Group UK Ltd.
Pitfield, Milton Keynes, MK11 3LW, UK
UKHW020945220726
13924UKWH00002B/510

9 782019 495596